Lb 416

TESTAMENT

DE

LOUIS XVI,

ET

LETTRE

DE MARIE-ANTOINETTE,

REINE DE FRANCE, A SA SOEUR.

A TOULOUSE, DE L'IMPRIMERIE DE VEUVE TISLET.

TESTAMENT.

Au nom de la Très-Sainte-Trinité, du Père, du Fils
et du Saint-Esprit, aujourd'hui vingt-cinquième jour de
décembre 1792, moi Louis XVI du nom, roi de France,
étant depuis plus de quatre mois enfermé avec ma famille
dans la tour du Temple à Paris par ceux qui étaient mes
sujets, et privé de toutes communications quelconques,
même depuis le onze du courant, avec ma famille ; de plus
impliqué dans un procès dont il est impossible de prévoir
l'issue à cause des passions des hommes, et dont on ne
trouve aucun prétexte ni moyen dans aucune loi existante ;
n'ayant que Dieu témoin de mes pensées, et auquel je
puisse m'adresser, je déclare ici en sa présence mes dernières volontés et mes sentimens.

Je laisse mon âme à Dieu, mon créateur ; je le prie de
la recevoir dans sa miséricorde, de ne pas la juger d'après
ses mérites, mais par ceux de Notre-Seigneur Jésus-Christ
qui s'est offert en sacrifice à Dieu son père pour nous autres
hommes, tels qu'indignes que nous en fussions, et moi
le premier.

Je meurs dans l'union de notre sainte mère l'Église
catholique, apostolique et romaine, qui tient les pouvoirs
par une succession non interrompue de saint Pierre, auquel
Jésus-Christ les avait confiés ; je crois fermement et je
confesse tout ce qui est contenu dans le symbole et les
commandemens de Dieu et de l'Église, les sacremens et
les mystères, tels que l'Église catholique les enseigne et les
a toujours enseignés. Je n'ai jamais prétendu me rendre

juge dans les différentes matières d'expliquer les dogmes qui déchirent l'Église de Jésus-Christ ; mais je m'en suis rapporté et rapporterai toujours, si Dieu m'accorde vie, aux décisions que les supérieurs ecclésiastiques, unis à la sainte Église catholique, donnent et donneront conformé-ment à la discipline de l'Église suivie depuis Jésus-Christ. Je plains de tout mon cœur, nos frères qui peuvent être dans l'erreur ; mais je ne prétends pas les juger, et je ne les aime pas moins tous en Jésus-Christ, suivant ce que la charité chrétienne nous enseigne. Je prie Dieu de me pardonner tous mes péchés ; j'ai cherché à les connaître scrupuleusement, à les détester et à m'humilier en sa présence : ne pouvant me servir du ministère d'un prêtre catholique, je prie Dieu de recevoir la confession que je lui ai faite, et surtout le repentir profond que j'ai d'avoir mis mon nom (quoique cela fût contre ma volonté) à des actes qui peuvent être contraires à la discipline et à la croyance de l'Église catholique, à laquelle je suis toujours resté sincèrement ami de cœur ; je prie Dieu de recevoir la ferme résolution où je suis, s'il m'accorde vie, de me servir aussitôt que je le pourrai du ministère d'un prêtre catholique pour m'accuser de tous mes péchés et recevoir le sacrement de Pénitence.

Je prie tous ceux que je pourrais avoir offensé par inadvertance (car je ne me rappelle pas d'avoir fait sciemment aucune offense à personne), ou ceux à qui j'aurais pu avoir donné des mauvais exemples ou des scandales, de me pardonner le mal qu'ils croient que je peux leur avoir fait.

Je prie tous ceux qui ont de la charité, d'unir leurs prières aux miennes, pour obtenir de Dieu le pardon de mes péchés.

Je pardonne de tout mon cœur, à ceux qui se sont

faits mes ennemis, sans que je leur en aie donné aucun sujet, et je prie Dieu de leur pardonner, de même qu'à ceux qui, par un zèle mal entendu, m'ont fait beaucoup de mal.

Je recommande à Dieu ma femme, mes enfans, ma sœur, mes tantes, mes frères et tous ceux qui me sont attachés par les liens du sang ou par quelqu'autre manière que ce puisse être; je prie Dieu particulièrement de jeter des yeux de miséricorde sur ma femme, mes enfans et ma sœur, qui souffrent depuis long-temps avec moi; de les soutenir par sa grâce s'ils viennent à me perdre, et tant qu'ils resteront dans ce monde périssable.

Je recommande mes enfans à ma femme; je n'ai jamais douté de sa tendresse maternelle pour eux : je lui recommande surtout d'en faire de bons chrétiens et d'honnêtes hommes; de leur faire regarder les grandeurs de ce monde (s'ils sont condamnés à les éprouver) comme des biens dangereux et périssables, et de tourner leurs regards vers la seule gloire solide et durable de l'éternité; je prie ma sœur de vouloir bien continuer sa tendresse à mes enfans, et de leur tenir lieu de mère, s'ils avaient le malheur de perdre la leur.

Je prie ma femme de me pardonner tous les maux qu'elle souffre pour moi et les chagrins que je pourrais lui avoir donnés dans le cours de notre union, comme elle peut être sûre que je ne garde rien contre elle, si elle croyait avoir quelque chose à se reprocher.

Je recommande bien vivement à mes enfans, après ce qu'ils doivent à Dieu, qui doit marcher avant tout, de rester toujours unis entr'eux, soumis et obéissans à leur mère, et reconnaissans de tous les soins et les peines qu'elle se donne pour eux et en mémoire de moi. Je les prie de regarder ma sœur comme une seconde mère.

Je recommande à mon fils, s'il avait le malheur de devenir roi, de songer qu'il se doit tout entier au bonheur de ses concitoyens ; qu'il doit oublier toute haine et tout ressentiment, et nommément tout ce qui a rapport aux malheurs et aux chagrins que j'éprouve ; qu'il ne peut faire le bonheur des peuples qu'en régnant suivant les lois ; mais en même temps qu'un roi ne peut les faire respecter et faire le bien qui est dans son cœur, qu'autant qu'il a l'autorité nécessaire ; et qu'autrement, lié dans ses opérations, et n'inspirant point de respect, il est plus nuisible qu'utile.

Je recommande à mon fils d'avoir soin de toutes les personnes qui m'étaient attachées, autant que les circonstances où il se trouvera, lui en donneront les facultés ; de songer que c'est une dette sacrée que j'ai contractée envers les enfans ou les parens de ceux qui ont péri pour moi, et ensuite de ceux qui sont malheureux pour moi. Je sais qu'il y a plusieurs personnes de celles qui m'étaient attachées, qui ne se sont pas conduites envers moi comme elles le devaient, et qui ont même montré de l'ingratitude ; mais je leur pardonne (souvent dans des momens de trouble et d'effervescence on n'est pas le maître de soi), et je prie mon fils, s'il en trouve l'occasion, de ne songer qu'à leur bonheur.

Je voudrais pouvoir témoigner ici ma reconnaissance à ceux qui m'ont montré un véritable attachement, et désintéressé : d'un côté, si j'étais sensiblement touché de l'ingratitude et de la déloyauté de gens à qui je n'avais jamais témoigné que des bontés, à eux, à leurs parens ou amis ; de l'autre, j'ai eu de la consolation à voir l'attachement et l'intérêt gratuit que beaucoup de personnes m'ont montré ; je les prie d'en recevoir mes remercîmens : dans la situation où sont encore les choses , je craindrais de les compromettre si je parlais plus explicitement ; mais je recommande spécialement à mon fils de chercher les occasions de pouvoir les reconnaître.

Je croirais calomnier cependant les sentimens de la nation , si je ne recommandais ouvertement à mon fils , MM. de Chamilly et Luc , que leur véritable attachement pour moi avait portés à s'enfermer avec moi dans ce triste séjour , et qui ont pensé en être les malheureuses victimes ; je lui recommande aussi Clery des soins duquel j'ai eu tout lieu de me louer depuis qu'il est avec moi : comme c'est lui qui est resté avec moi jusqu'à la fin , je prie messieurs de la commune de lui remettre mes hardes , mes livres , ma montre , ma bourse et les autres petits effets qui ont été déposés au conseil de la commune.

Je pardonne encore très-volontiers à ceux qui me gardaient les mauvais traitemens et les gênes dont ils ont cru devoir user envers moi : j'ai trouvé quelques âmes sensibles et compatissantes ; que celles-là jouissent dans leur cœur de la tranquillité que doit leur donner leur façon de penser.

Je prie MM. Malherbes , Tronchet et Deseze , de recevoir ici tous mes remercîmens et l'expression de ma sensibilité pour tous les soins et les peines qu'ils se sont donnés pour moi.

Je finis en déclarant devant Dieu , et prêt à paraître devant lui , que je ne me reproche aucun des crimes qui sont avancés contre moi.

Fait double à la Tour du Temple , le 25 décembre 1792.

Signé LOUIS ;

Est écrit Beaudiais , *Officier municipal.*

LETTRE

DE

MARIE - ANTOINETTE,

REINE DE FRANCE,

A SA SOEUR.

Ce 16 Octobre 1793 , à quatre heures et demie du matin.

C'EST à vous , ma sœur , que j'écris pour la dernière fois : je viens d'être condamnée non pas à une mort honteuse , elle ne l'est que pour les criminels , mais à aller rejoindre votre frère ; comme lui innocente , j'espère montrer la même fermeté que lui dans ses derniers momens. Je suis calme comme on l'est quand la conscience ne reproche rien. J'ai un profond regret d'abandonner mes pauvres enfans ; vous savez que je n'existais que pour eux ; et vous , ma bonne et tendre sœur , vous qui avez par votre amitié tout sacrifié pour être avec nous , dans quelle position je vous laisse ! J'ai appris par le plaidoyer même du procès , que ma fille était séparée de vous : Hélas ! la pauvre enfant , je n'ose pas lui écrire , elle ne recevrait pas ma lettre ; je ne sais même pas si celle-ci vous parviendra : recevez pour eux deux ici ma bénédiction. J'espère qu'un jour , lorsqu'ils seront plus grands , ils pourront se réunir avec vous , et jouir en entier de vos tendres soins. Qu'ils pensent tous deux à ce que je n'ai cessé de leur inspirer, que les principes et l'exécution exacte de ses devoirs sont la première base de la vie ; que leur amitié et leur confiance naturelle en feront le bonheur ; que ma fille sente qu'à l'âge qu'elle a, elle doit toujours aider son frère par les conseils que l'expérience qu'elle aura de plus que lui, et son amitié pourront lui inspirer : que mon fils, à son tour, rende à sa sœur tous les soins, les services que l'amitié peut inspirer ; qu'ils sentent enfin tous deux que dans quelque position où ils pourront se trouver, ils ne seront vraiment heureux que par leur union. Qu'ils prennent exemple de nous ; combien dans nos malheurs notre amitié nous a donné de consolation ! et dans le bonheur on jouit doublement quand on peut le partager avec un ami ; et où en trouver de plus tendre, de plus cher que dans sa propre famille ? Que mon fils n'oublie jamais les derniers mots de son père, que je lui répète expressément, qu'il ne cherche jamais à venger notre mort ! J'ai à vous parler d'une chose bien pénible à mon cœur. Je sais combien cet enfant doit vous avoir fait de la peine ; pardonnez-lui, ma chère sœur, pensez à l'âge qu'il a, et combien il est facile de faire dire à un enfant ce qu'on veut, et même ce qu'il ne comprend pas ; un jour viendra, j'espère, où il ne sentira que mieux tout le prix de vos bontés et de votre tendresse pour tous deux. Il me reste à vous confier encore mes dernières pensées : j'aurais voulu les écrire dès le commencement du procès ; mais outre qu'on ne me laissait pas écrire, la marche en a été si rapide, que je n'en aurais réellement pas eu le temps.

Je meurs dans la Religion Catholique, Apostolique et Romaine, dans celle de mes pères, dans celle où j'ai

été élevée et que j'ai toujours professée , n'ayant aucune
consolation spirituelle à attendre , ne sachant pas s'il existe
encore ici des prêtres de cette religion , et même le lieu où
je suis les exposerait trop , s'ils y entraient une fois. Je
demande sincèrement pardon à Dieu de toutes les fautes que j'ai
pu commettre depuis que j'existe. J'espère que dans sa bonté
il voudra bien recevoir mes derniers vœux , ainsi que ceux
que je fais depuis long-temps pour qu'il veuille bien recevoir
mon âme dans sa miséricorde et sa bonté. Je demande pardon
à tous ceux que je connais , et à vous , ma sœur , en parti-
culier , de toutes les peines que , sans le vouloir , j'aurais
pu vous causer. Je pardonne à tous mes ennemis le mal
qu'ils m'ont fait. Je dis ici adieu à mes tantes et à tous
mes frères et sœurs. J'avais des amis ; l'idée d'en être séparée
pour jamais et leurs peines sont un des plus grands regrets
que j'emporte en mourant , qu'ils sachent , du moins , que
jusqu'à mon dernier moment , j'ai pensé à eux. Adieu ma
bonne et tendre sœur ; puisse cette lettre vous arriver ! pensez
toujours à moi : je vous embrasse de tout mon cœur , ainsi
que ces pauvres et chers enfans. Mon Dieu ! qu'il est déchirant
de les quitter pour toujours ! adieu ! adieu ! je ne vais plus
m'occuper que de mes devoirs spirituels. Comme je ne suis
pas libre dans mes actions , on m'amènera peut-être , un
prêtre ; mais je proteste ici que je ne lui dirai pas un mot,
et que je le traiterai comme un être absolument étranger.

(Monument de la bonté et de la
piété héréditaires des Bourbons.)

FIN.

www.ingramcontent.com/pod-product-compliance
Lightning Source LLC
Chambersburg PA
CBHW061816040426
42447CB00011B/2685